노을로 바람꽃으로

노을로 바람꽃으로

초판 1쇄 발행 2025년 11월 15일

지은이 최영숙
펴낸이 장길수
펴낸곳 지식과감성#
출판등록 제2012-000081호

교정 주경민
디자인 김희영
편집 김희영
검수 한장희, 윤혜성
마케팅 김윤길

주소 서울시 금천구 벚꽃로298 대륭포스트타워6차 1212호
전화 070-4651-3730~4
팩스 070-4325-7006
이메일 ksbookup@naver.com
홈페이지 www.knsbookup.com

ISBN 979-11-392-2890-8(03810)
값 13,000원

- 이 책의 판권은 지은이에게 있습니다.
- 이 책 내용의 전부 또는 일부를 재사용하려면 반드시 지은이의 서면 동의를 받아야 합니다.
- 잘못된 책은 구입하신 곳에서 바꾸어 드립니다.

지식과감성#
홈페이지 바로가기

노을로
바람꽃으로

최영숙 시집

프롤로그

노을로 바람꽃으로

— 첫 시집을 출간하기까지 —

　시어들은 고통을 통과한 언어이자, 결국 사람을 사랑하게 되는 마음의 기록입니다. 첫 시집 『노을로 바람꽃으로』는 한 시인이 세상에 밝히는 작은 등불의 고백입니다. 섬에서 태어난 소녀는 저녁노을이 물든 바닷가 언덕에서 늘 시인을 꿈꾸었습니다. 하얀 종이 위에 흩뿌린 글자들은 소녀의 꿈을 자라게 하고, 가슴을 뛰게 했습니다. 그러나 결혼과 함께 세 아이의 엄마로 살아야 했던 세월. 젖을 먹이며 밤을 설쳐야 했고, 사람답게 살기 위해 수많은 고뇌를 안고 살아야 했습니다.

　그러한 날이 어언 수십 년!
　'꼭 멋있는 시인이 되고 싶어…….'라는 그 갈망은 세월이 흐를수록 더 깊고 선명해졌습니다. 시는 내 안에 살아있는 또 다른 생명이었습니다. 삶이 상처를 주고, 고통을 안기고, 길을 잃어 방황할 때마다 살아남기 위해 수시로 기록했습니다.

잘 빚은 도자기 그릇처럼, 그 언어들을 곱게 담아 드디어 제 생애의 행복한 첫 시집을 세상에 내어놓습니다.

제 시집은 위대한 문학적 야심이나 화려한 수사로 꾸며지지 않았습니다. 그저 섬 소녀의 삶의 여정, 그리고 고통 속에서도 포기하지 않고 살아온 기록입니다. 소녀로, 여자로, 엄마로, 아내로 살아오며 침잠하여 구상한 말들은 결국 하나였습니다. **노을로 *바람꽃으로.***

현재 저는 전문 심리상담사를 꿈꾸며 수원 96.3MHz 라디오「시가 흐르는 냇물」을 진행하며 문인들과 청취자들을 연결하며 시의 향기를 세상과 나누고 있습니다. 제 시가 고단한 삶을 살아내는 독자들에게 작은 힘이 되기를, 제가 겪었던 고통과 기쁨, 고독과 충만함이 독자에게 울림으로 전해지기를 빕니다.

우연으로 만나 인연으로 묶여진 독자 여러분,

제게 첫사랑 같은 『노을로 바람꽃으로』를 함께 나눌 수 있어 참으로 기쁘고 감사합니다.

2025. 11. 1.
지난한 삶의 여정에서, 보감 **최영숙**

차례

프롤로그:　　　　　　　　　　　　　　　　　　　　　　4
노을로 바람꽃으로 ― 첫 시집을 출간하기까지 ―

제1부 치열한 삶을 위한 서(序)

나비의 노래	12	동의보감촌을 지나며	30
돌지 않는 풍차 1	13	실미도에 가면	32
돌지 않는 풍차 2	14	그대 오시려거든	33
고달픈 인연들	15	구담봉 애사	34
지하철	16	구순 여인	36
내 마음이 닿는 곳	18	만추의 사색	38
별빛은	20	그 여린 섬 소녀는	40
가을 여심	22	산수유 마을 가는 길	42
미라리 이야기	24	늦게 핀 자생화	44
골든타임	25	― 전문심리상담사의 길을 시작하며	
정반합	26		
이런 여자를 찾아요	28		
살아가려는 이유	29		

제2부 사랑의 힘

인연	46
우수	47
겨울 애수	48
노을로 바람꽃으로	49
그대와 걷는 길	50
엄마 없는 추석	51
세상에서 가장 따뜻한 말	52
— 울타리였던 당신께	
감성 그리고 현실	54
사랑둥이	56
울타리	57
도봉산을 오르며	58
내 마음의 길 양재천	59
— 십 년을 걸어온 그 길 위에서	

능소화	60
남산 엘레지	61
옆지기의 무언	62
옥잠화가 그 자리에 있는 이유	63
친정 언니	64
뒤안길	66
양재천 애상	67
예작교	68
눈 내리는 석촌호수	70
뉴욕 브루클린 브릿지	71

제3부 고통 속에 핀 인생의 꽃

능내역 소묘	74	변명 같은 사랑	89
나이아가라 폭포	75	무시로	90
늦게 알게 된 것	76	무엇이 그렇게 흔들리게 했는가	91
임 생각	77	행복의 오해	92
수술 후애(後哀)	78	봄소식	93
둘도 없는 벗	79	빛은 가장 어두운 틈에서 온다	94
동문회 가는 길	80	변신은 무죄	96
망시모가(亡媤母歌)	82	생의 한가운데	98
심로(心勞)	84	인생이 내게 묻거든	100
그리움	85	집으로 간다	102
머물다가 다시 가는	86		
해동 용궁사	87		
무드 등	88		

제4부 차마 소중한 내 사람아

그대를 사랑하기에	104	숨어 우는 섬진강	122
물의 정원	106	신세타령	123
바람의 노래	108	당신을 알고 난 뒤로는	124
강가 찻집에서	109	애잔한 사람	125
산유화	110	열정	126
산책길에서	111	우정의 온도	127
살다 보면	112	일장춘몽	128
살아가는 길목에서	114	정한 사람	129
새벽이 지나도록	116	친구	130
석별	118	진정 난 몰랐네	131
설렘	120	코스모스 여인	132
소유의 꽃	121		

에필로그: 134
삶과 사랑이 시로 피어나다 — 따뜻하고 아름답고 로맨틱한 여류시인 —

서평: 136
헝클어진 시간 다리미질하는 시인 — 최영숙의 시학 —

제1부 치열한 삶을 위한 서(序)

나비의 노래

나풀거리며
강마루 바다 넘어 머나먼 쏭바강까지
사뿐히 날개 춤추며 다가왔어요
어디를 가든 어느새 다가와서는
안아주어요

산새들 고요히 잠든 밤에
홀로 잠 못 이루는,
백지에 물감 공들여 아픔을 인화합니다
늘 그랬던 것처럼, 당신의 춤사위는
온통 애잔한 노래입니다

발밤발밤 바람에 실려 온
당신의 마임(mime)
성정의 숲에 나비로 내려와
무형의 그리움 살갗을 에이면
하얀 오선지 위에
못다 한 슬픈 곡조 또 내려앉아요

돌지 않는 풍차 1

직사각형 네 날개 희로애락 이고
녹슨 쇠로 무참히 눌려
어디에도 갈 수 없는
신세가 되어 버린 무언의 거인 같은

무슨 사연 있었기에 한자리에서
질곡의 세월을 견뎌내야 하는
운명이 되었을까

황톳빛 녹슨 황금빛으로
휑한 가슴엔 진노랑 해바라기씨로
석고대죄라도 하면 혹여라도 되돌릴 수 있을까

굳게 다물어 버린 힘없는 날개
미움 하나 덜어내고
원망 하나 덜어내고
샛바람*에서 하늬바람**까지 불게 하면
사시사철 돌아가는 너를 볼 수 있을까

---
* 샛바람: 동풍(동쪽에서 부는 바람).
** 하늬바람: 서풍(서쪽에서 부는 바람).

돌지 않는 풍차 2

세상 한복판에 서서
사랑의 바람
미움의 바람을 맞았다

동녘 끝의 바람을 맞을 때
서녘 끝의 바람에도 쉼 없이 돌았다

언젠가 바람의 힘이 약해졌다
그리고
소리 없이 멈추었다

돌개바람이 되살아나지 않는 한
그대로 장구하게 조용한 시간으로
흘러갈 것이다

그래도 세상에 의하여
치워지지 않는다면
다시 돌 것을 기다리면서

고달픈 인연들

애달픈 사연만 있으려는가 여겼습니다
그렇지도 않은 것이
어설프게 잘난 것에도
인연이 이어가더이다

세상에 내가 이루고 만든 것이
잘나고 빼어난 것이 얼마나 될까요
그것마저 빌딩 숲 사이로 멀어져 가고
도시의 섬에 유령처럼 남았습니다

나는 자랑스러운 존재이고
가장자리에 높게 앉아 있어야 하는
욕심을 부렸더니

인연들은 호수의 물안개로 휘감아
억누를 태세이더니
햇빛의 강렬함에 흔적 없이 사라지더이다
그 고달픈 미련도 같이

지하철

플랫폼에 발을 디딘다
별의별 사연이 걸어온다
영화 같을 하루일 테지

힘들고 서러운 일들
달리는 유리창에 투영되어
한숨 돌려 미소 짓게 해

세월을 이겨낸
할머니 짐 보따리도
역사(驛舍)로 들어온다

갈 곳이 없는 방랑자들
꿈이 남아 있을 저분들
너나 나나 마음먹으면
어딘들 못 갈까

살아가는 힘은
어디서 이토록 샘이 솟는가

입 다물고 달리는 철마

너도 진정 고단함을 잊었는가
포기를 모르는 총총 발걸음
치열하게 살아가는 길
뜨겁게 살아내는 일

내 마음이 닿는 곳

고향 산천에 내려와
잔잔한 시간에
이런저런 생각을 하다 보면
어릴 적 듣던 풍금 소리 등
담겼던 화음이 줄지어 모여듭니다

귀는 있으나
바르게 듣지를 못하고
눈은 있으나
제대로 응시하지 못했던
후회가 지나가도

심연의 깊은 곳까지 찾아드는
처연한 한 송이 꽃

푸른 시절
모호한 철학을 논하며
가난을 미워하지 않고
아다지오로 승화시킨 세월

아득하여라 긴요하여라

산다는 것은
존재를 알아가는 과정인가
마음 닿는 곳에
그 무엇이 있다고 한다면
그 무엇이 욕심 없는 진실이었으면
참 좋겠습니다

별빛은

해 질 녘 산책길에 다가선
밤그림자에 비친 별 무리

하늘에 자리 없어
여기까지 내려와
비비며 밀고 들어와
한자리 차지하고 마네

하늘에도
별자리 할 곳 없어
이 밤 내 그림자까지
차지하였네

아프다
밤하늘의 별들마저
자기 자리 찾지 못하는데
이 사람의 자리는
어디에 안주하려나

두려워 마라
밤하늘의 별빛은
본디 그 자리였고
이후에도 그 자리일 것이야

아!
밤하늘 달밤 속 별빛은
그냥 비추기만 할 뿐

가을 여심

쪽빛 하늘 따라 걷는
실개천에 스란스란 다가서는
가는 허리 코스모스

성긴 사잇길로
억새 하늘거려
돌 징검다리 건너갈 길 아련하네

아홉 마디 구절초처럼
시절 재촉하는 몸짓이야 아름답지만
두 뺨 타고 내린 이 눈물 꽃 어이할까

그렇게 떠난 당신의
도(道) 따라 걸어온 흔적이
어미 되어 여기까지 이르렀네
안다미로 주신 은애 꿈엔들 잊을쏘냐

꽃들이야 서리 맞아도 핀다지만
세월 먹은 뒤안길의 이 상심 어이할까

구절양장 아홉 마디 구절초는
허리 꺾는 아픔으로 돌아오는

조락의 계절에 선
불초 소생 한(恨) 있어
하늘길 머얼리 올려다봅니다

미라리* 이야기

여명은
차디찬 바다 끝에 걸려 있는데
얘야!
한 옥타브 높은
엄마의 날카로운 외침은
얼음 칼이 되어 무거운 눈가를
가차 없이 베고 지나간다

베어져 좀비가 된 여린 소녀는
김 막장으로 향하는데
새벽하늘의 칼바람은
여지없이 가슴속 온기마저 빼앗아 버렸다

그 끝이 언제일지 모르더니
김 막장 그 긴 머리 소녀는
어느덧 지나가고
머리에 서리를 받은 채 미라리 언저리에서
그날을 이야기하며 눈이슬을 머금고 있네

* 미라리: 전남 완도군 노화읍 노화도에 있는 필자의 고향 마을.

골든타임

사경을 헤매는
딱 그 순간에 찾아온 나의 한쪽
반평생 서러움만 주었는데

살려야 한다는 애타는 심정
두 눈 가득히 뜨겁게 흐르는 눈물
이 가슴
당신의 그 호흡을 느껴버렸소

삶은
소리 없는 아우성 외치는 손님 같은 것
사멸은
금자탑처럼 보이지만 아무도 모르는 것

이제부터 나의 여생은
당신을 위한 골든타임입니다

정반합

이유 있어 꼬박 날을 새고
사소함에 베일 듯한 날을 세우고
해소되지 않을 울분 있으니
설득당하고
설득하여도
간극(間隙)은 점점 더 멀어져 간다

소멸과 생성의 우주 안에서
무엇이 두려운 것인가
괴로움의 수를 무시로 놓아도
들판의 장승 일생 한자리를 지켜도
인연의 사나움으로
사방을 떠도네

용광로보다 뜨거운 여름
북한강의 차가운 이별 흔적
진리의 득도마저 꺼내 가니

예정된 인연은

쉼 없이 돌고 돌아
어느덧 원점으로 자리하여도
정답을 알려주지 않는다

이런 여자를 찾아요

수십 년을 살아보니
얼굴 예쁜 여자보다는
인상이 좋은 여자가 좋더라

수십 년을 겪어보니
몸매 좋은 여자보다는
공감 잘하는 여자가 좋더라

얼굴 예쁜 것은 삼 년 가지만
마음씨 곱고 손맛 좋으면
평생 끊임없이 좋다 하는데

얼굴 예쁘고 인상 좋고
공감도 잘하고 마음씨 고운
거기다 음식까지 잘하는
그런 빛나는 보물 어디 없나요

살아가려는 이유

이른 아침
햇살이 찾아온 들길을 걷는다
봄비를 기대하는 마른 들에 심어진
씨앗들 살길이 막막하다

눈을 비비며 고개 들어
하늘을 애타게 바라본다
그 애절함이 통한 듯
어느새 구름이 무겁게 눌리더니
눈가에 눈물처럼 맺힌다

다음 날 그 길을 따라나섰더니
심어진 그 자리에
푸성귀들이 먼저 떡잎을 내밀려고
아우성이다

봄비는
살아가려는 생명의 이유일 것이다
하늘이 물 주고 바람 주며 보듬고 있다
우리도 키워주고 있다

동의보감촌을 지나며

하늘을 우러르며 천년을 기다렸다
갑자기 열렸다
그곳에는 청산이 있었고
또한 의인(義人)이 장승처럼 서 있었다

이름도 알 수 없는 역병에
하늘을 보며 울부짖었고
끝 모를 세월 속에 쉰 소리마저
묻혀 버리고 말았다

하늘이 그들을 버린 듯하다
열린 하늘길 둑을 따라
이곳에 이르렀다

그가 할 수 있는 것
무엇이 있으랴
하늘이 백성을 버렸는데

하늘에게

그들이 살아야 산하가 있고
숨탄것들이 있음을 알렸다
산청(山淸)은 그에 의해 다시 숨을 쉬고
살 수 있게 되었다

다가서는 산그림자에
의인을 슬며시 그려보나니
이곳을 지나는 이여!
구암*이 있어서 백성의 삶이
어둡지 않았다는 것을 기억하라

– 허준의 TV 방영을 기억하며

---

* 구암: **龜巖**, 허준의 호.

실미도에 가면

썰물 때 만났다가
밀물 들면 헤어져야 하는 운명
그들 얼굴은 바다 빛에 검게 탔고
굳게 다문 입술
살아야 한다는 의지로 가득했다

조개들은 파도에 떠밀려 와
비밀한 노래를 부르고
바닷새 차마 자리 뜨지 못하고
의리를 지키러 주위를 날고 있다

무언의 섬은
조용히 주변 것들과 함께하고 있었다

뭍으로 떠난 자식 기다리는
검은 얼굴의 부모 애달픔
애틋한 전설로 밤새 뒤척거릴 제
별들이 내려와 밤새 다독인다

그대 오시려거든

행여 마음이 동하시거든
처음 그대로의 모습으로 오세요

진정 오시려거든
세상 짐은 모두 두고 가벼이 오세요

가시고 나서
또 갈팡질팡 그러시려거든
다시는 노심초사 불을 지피지 마셔요

이른 아침이나
비 내리는 늦은 밤에 오신다 하여도
오직 한 사람 그대이기 때문에
맨발로 달려가 맞이하겠습니다

구담봉 애사

벚꽃의 기운이 호수를 가르니
어느덧 구담봉이 저기에

어떤 임의 조화인지 기이함은
어찌할 줄 모르는데
하늘을 가리는 저 먹구름
왜 그리 얄미울까

그래도 호수 물빛은 가리지 못했는지
그 심술 어쩌지 못하네
봉우리를 비추는
언뜻 보이는 무덤[*] 하나

애절히 연모하다
생전에 발부리 묻은
구담봉^{**}에 묻혔으니
오백 년의 사랑은 잊히지 않았구나

---

*   무덤: 단양 군수 퇴계 이황을 사랑했던 관기 두향(杜香)의 유택.
** 구담봉: 충북 단양군 단성면 장회리 산 31 청풍호에 위치한 봉우리.

눈가에 맺히는 이슬
그녀의 못다 한 이별의 눈물인가

구순 여인

구사일생이
수채화로 그려지더니 명화로 돋움한다
유일한 희망은 아들의 장원이었다
긴 한숨 넘나든 그 보릿고개를
아들이 건너와 닦고 있다

우연히 태어나지 않는 사람 있다던가
앙상하게 굽은 손가락
살아온 고통이 즐비하고
앙가슴은 메마른 대지보다 기구하디

밤새 들락날락 거친 숨소리
이승의 마지막 상소문인가
서역 만 리 제자리 돌아가려는 법문인가

집 앞마당 옥수수도 고해(苦海)의
더부살이를 정리한 듯 가지런하다

수승대 너머 일렁이는 노을은

그리운 사람에게 잘도 가건만
인고의 세월 무슨 미련 있다고

만추의 사색

으스름 해 지는 저녁이면
하루치의 일상을 내려놓는다
귀소본능 자의 간이역처럼
버스 정류장은 동아줄의 매듭 같다

정처 잃은 바람결에
도심을 흔드는 작은 소요를 맞는다
시몬의 낙엽이 스스로를 떨구운다

회자정리라 했지
못다 한 애증들은
얼마나 작고 쓸쓸했던가

쌓이고 쌓인
퀴퀴한 나신의 서류들
무시로 생각나는 고난의 시간
그렇다, 때로는
창공을 날고 싶은 학이 되는 거다

상념의 푸념들로
거리는 온통 아우성인데,

무엇이 정의이며 사랑인가
슬픔이 기쁨이며 고난이 행복인걸
점점 더 맑아지는 명징한 다짐들

내일의 태양이 떠오르듯
깊은 이 가을을 믿기에
지순한 낙엽 위에 살며시
나를 벗는다

그 여린 섬 소녀는

남도 섬마을에 어리보기로 태어나
양탄자 위를 나는 세상을 상상했었지
물새들은 쉼 없이 소식을 나르고
우리 아부지 낭만도 모른 채
파도에서 사시다 생의 문을 닫았지

바닷새도 쉬어가는 인정 많은 섬이었지만
소녀의 손등을 갈라놓고
빨리 철들게 했으니
가난했지만, 눈빛은 늘 고요했있다

은하수 떠다니는 별들
세월은 철철이 무시로 쌓이고
지금은 섦은 짐 다 내려놓고
쪽빛 천 흐르는 마을에서 호젓하다

정직하고 욕심을 부리지 말라는
아부지 도덕경은 늘 머리맡에
피안에 건너가서도 절절한 부정(父情)

택배로 도착한다
신선이 된 아부지 흐뭇한 얼굴로
구름 타고 마실 다니신다

산수유 마을 가는 길

우수를 만나 마을 안길에 들어서니
언덕 언저리에 하얀색
아직 내 계절이라며
따스한 기운에도 기세를 놓지 않는다

그 기세에 눌려 쫓기듯
담 모퉁이를 돌아
노란 몽우리를 머금은
몇 그루의 나무들
아무도 찾아 주지 않아도
섬세한 꽃 수술을 내어놓는다

이곳에
사람 기운이 없어진 지 오래인데도
그 자태 여전하네
아! 노란 꽃
어렵고 힘들었던 겨울을 보내고
사라진 웃음들을 찾아 주는
세상의 향도가 되고 있네

이 계절에 영락없이 피어나는
내 안에 아직 남아 있는 청춘의 꽃
마을 길 지나는 길에
그 꽃 내 눈가에 아롱지네

늦게 핀 자생화
― 전문심리상담사의 길을 시작하며

하늘에 걸린 별 하나
참으로 오랫동안 바라보았지
안팎으로 단단한 가정 꾸미며
심중에 고이 접어 둔 꿈

불혹을 저만큼 지난 봄
지천명 쏜살같이 지나친 여름
분수같이 오르는 열망을 삭히진 못했지
가시밭 문턱 너머 상아탑의 만학도라니

형설이야 반딧불이 벗으로 삼고
성정을 다독이며 순리를 읽었으니
아픈 손 아픈 대로 달려가 잡고
열정을 한데 모아 적소를 살피련다

상처를 보듬으면 꽃이 된다고
아득했던 상사화도 상처가 된다고
봇물처럼 봄 햇살 사방에 퍼지는 날
매의 눈에 어룽지는 감성의 자생 꽃

제2부 사랑의 힘

인연

별이 맥없이 스러지고
낙엽 소리 시나브로 스쳐 지나가면
울적한 마음
온화한 고요로 나이테 되고

아, 우리
영원히 지지 않는
금생의 복수초 꽃 같아라

세상을 두 시선으로
한 번이라도 정확하게 맞출 수 있다면
두 마음
희망이고 생명이리니

풀뿌리 같은 한 생(生)
찰라 같은 백천만겁난조우*
감히 천생연분을 말합니다

---

* 백천만겁난조우: 百千萬劫難遭遇, 10억 겁(劫)의 세월 속 만남. 즉 인연은 아득한 세월이 지난 후에 다시 만남을 강조한 말이다. [佛]천수경.

우수

종일 이고 메고 다니다
꽃밭에 내려놓았더니
바람의 애가(哀歌)로 피어났습니다

오늘도 한 마리 나비 되어
그 무진(無盡)의 향기 뿌려 놓았던
강둑길을 정신없이 걸었습니다

만남과 떠남이 세상의 일이라 하지만
길가 풀 사이에 두고 올 수 없어서
꼭 안고 집으로 돌아왔습니다

겨울 애수

인연이 필연 되면
꽃으로 피어나는 것을
우연히 들려오는 노래까지
그대 향한 그리움 되었네

겨울 강 황홀한 은빛
둘만의 인생 한 컷
나무는 기다림, 물은 세월이다
원앙 한 쌍 로망스 노래할 때
우리 어느새 하나 되었네

수줍은 얼굴로 다정히 손잡고
떨린 홍안으로 그윽한 정 알게 한
못 잊을 그 겨울, 그 사람, 그 시간

노을로 바람꽃으로

노을 진 갈대숲 지나
빈 들의 나그네 고락은
호기로운 들꽃의 흔들림이다
느릿느릿 생의 바퀴 돌고 돈다

미명의 적막이 새벽을 여는
구슬픈 대금의 교차한 선율
뉘의 못다 한 실연인가
멍을 숨긴 뜻 모를 창가(唱歌)인가

헝클어진 시간을 다리고
색동치마 저고리 옷섶 여미며
산 노을 질 때까지
엉키지 않는 순한 강물로
나란히 살아간다

솟대 지나 광야를 품는 바람
시리고 서러운 사람들에게
너그럽게 또다시 곁을 내주는
타는 노을아, 성긴 바람아

그대와 걷는 길

햇볕보다 따스한 날 만나
웃고 울고 느꼈습니다
힘든 마음 두 개
기쁜 마음 하나

애틋한 미소에 믿음이 머물고
부드러운 손길에 행복이 솟아나고
오손도손 살아가는 훈훈한 이야기
마냥 좋아하는 금쪽이 은쪽이

지친 심연(心淵)에
한나절 윤슬 같은 풍경으로 왔다가
마음밭 청초하게 심어간
나란한 생의 동반자
차곡차곡 정들어가는 살림 바구니

엄마 없는 추석

때늦은 더위 기승을 부리고
열대야 보름달도 삼키려 드네

조용한 창가에 귀뚜라미 울음
밤새 분주하게 손 놀리던 울 엄마
옛이야기처럼 아련하다

터 산기슭 아래 애잔한 산소
늘 콩밭을 매시던 그 자리
엄마 아버지의 안식처 되었네
풀꽃 잔디 깔아 평소처럼 반듯하다
가을 들꽃이 비석 옆에서 수줍게 웃는다

소쩍새 울면 그리운 것들이 많아진다
잔잔한 솔바람은 삶의 숨비소리
꿈으로 찾아오는 한가위 전야
하얀 목이 전봇대처럼 길어진다

세상에서 가장 따뜻한 말
― 울타리였던 당신께

살아온 지난 시절
가장 많이 들은 미학의 언어가 있습니다

"내 동생,
세상에서 제일 소중한 내 동생아!"

그 한마디
눈물 많은 청춘을 잘 견디게 했고
성난 바다를 무사히 건너게 했습니다

등록금 마련하느라
마을 돌며 동분서주하던 모습
가슴에 박혀 있어요

어려웠던 세월의 족적
거북 등같이 팬 주름살
당신의 하얀 두 손등을 보면
가슴이 아려옵니다

어릴 적 일기장 맨 뒷장에
'여자의 열 가지 마음가짐'
또박또박 적게 하던 엄한 가르침
소녀로, 여자로, 엄마로 살아가는 데
꺼지지 않는 등불이 되었습니다

당신의 모든 애정이
만고의 복음처럼 깊이 새겨져
소박한 시집에 고이 담았습니다

감성 그리고 현실

첫새벽처럼 스며들었어요
이유도 정밀한 계산도 잊은 채
가슴으로부터 젖어들었어요

그래요
현실은 도덕과 책임이라는
날카로운 이름표를 내밀며
작은 낭만의 자리를 내주지 않아요

인연은
감성으로 시작된다지만
살아야 하는 건
살아내야 하는 건
다른 영역이었어요

생멸의 무게는
이성이라는 생경한 저울추에 함몰되고
보이지 않는 한 방울 눈물의 용량까지
제로로 만들죠

생각해 보아야 하는 것이죠
무념의 관심은 꽃이 아니라
겁 없는 자의 몫이라는 걸

한 줌도 잡을 수 없는
착각이라는 다른 이름
소나기 뒤 허무하게 펼쳐질 무지개

사랑둥이

꽃과 나비처럼 만나
원앙이 되기까지

보고 또 봐도
미칠 듯 고픈 월광(月光) 소나타

그의 눈길 천 길을 뻗쳤는가
십 년 가뭄 감우(甘雨)여!

아슬아슬 우듬지 고갯마루
비로소 하나 되는 평원의 기쁨이여!

곡절로 점철된 긴 세월 돌아
보석으로 피어나는 백일홍 언약

미명에 웃고 땅거미에 감탄한
미증유의 일탈

그러그러 행복은 눈물의 반려려니
미소는 가시밭길을 지나서야 피는 것

울타리

집을 나서려다 거울을 본다
낯설다

깜짝 놀라 뒤를 돌아보다가
올망졸망 자식들 미소 줄 잇는다
쿵쾅대던 가슴 진정된다

한 세월을 지켜낸 것이다
이 오롯한 공간을 유지하기 위한
보물들 젖 먹이고 밥 먹인 인동초 세월
철옹성 같은 울타리가 되었다

거울을 다시 보고 웃는다
익숙하게 묻는다
그래
대들보와 기둥은 든든하니까

도봉산을 오르며

초라해진 마음도 어루만져 주는
만년초 같은 사람아
가을 억새 가벼운 발걸음으로
찾아왔다오

힘들어 올려다본 하늘
침묵의 경외감
조용히 하고픈 말 참으로 많았는데
계곡 따라 바윗길을 걷다 모두 잊어버렸소

산자락 기슭 가지가지마다
애잔한 이야기 씨줄 날줄 걸어 놓고
서러움도 아낌없이 보듬는
지근에 서 있는 그림자여!

달이 차면 기울어진다지만
천릿길 찾아온 열정의 화신은

그저 하염없이 풀어
넓고 푸른 품에 안기고만 싶소

내 마음의 길 양재천
— 십 년을 걸어온 그 길 위에서

삶이 나를 밀어내려고 할 때
조용히 이 길로 달려왔습니다
메타세쿼이아길 숨결 아래
휘청이는 날이면 남몰래 눈물 뿌리고
침묵의 샛길을 벗 삼아 걸었어요

수없이 무너지고 다시 일어섰던 오기
그 계절의 찬사가 가지마다 매달려
가녀린 한 여인의 버팀목이 되었습니다
아이 셋을 키우며 지친 시간도
말 대신 슬픔으로 다독였던 상처도
숲길은 포용하며 마주하며 들어주었어요

아무에게도 내어준 적 없는
마음속 동화 같은 미로
나만 아는 아늑한 천혜의 안식처
십 년을 하루같이 견디게 한
수림 우거져 사시사철 가슴 설레는
하늘 찌르는 메타세쿼이아길
그 무성한

능소화

하룻밤 새운 그 정(情) 하나로
이 한여름까지 빨개졌습니다

그때처럼 향기 찾아
빨간 우체통에 넣어 주시면

뜨거웠던 품속
바람비가 서럽도록
흔들리고 적시어도

못다 한 정 그리며
임 오실 날 오매불망
담장을 나와 기다리겠습니다

남산 엘레지

뿌리 깊은 대한의 정기
하늘 높이 솟아
위엄 있는 기상으로 고도(古都)를 지키고
명소마다 이방인들
추억 찾아 모여든 시민들 발걸음
수줍게 소망을 얹는다

거룩한 타워
마치 신처럼 내려다본다
꿈은 꾸는 자의 것이라고
너만 무거운 것이 아니라고
삶은 그런 것이라고

팔각정 깊은 시름에
사소함의 진실도 만났으니
서기 2485년 열게 될 타임캡슐
소외되어 스러진 미련까지도
빠짐없이 담고 또 담으리

옆지기의 무언

귀성길 고속도로
부부는 네 바퀴에 몸을 실어 달린다
풍경만큼이나 같이 살아온
자잘한 사연 명화처럼 창가를 부딪힌다

산야는 무자비한 동장군의 무채색
구름도 명절을 아는지
남녘으로 달리느라 무척 바쁘다

마음 하나 끝내주는
누천년 돌부처같이 우직한 사내
고단함에 연신 입을 여닫는다

우보(牛步)의 청빈함에 침잠되어
장탄식도 안쓰러워 함께하지만
세월만큼 쌓인 연민의 정
애증의 진실을 들려주는 듯하네

옥잠화가 그 자리에 있는 이유

며칠 전
은비녀꽃 여물어 피어오르더니
오늘 아물어
잠겨 두드려도 열어 주지 않는다

탄성을 지르고 소녀의 심정으로
새겨 두었는데
웬일인지 초화(草花)는
지나가는 봄과 함께 입을 다물었네

이 꽃이 지나갈 때쯤
아들 제대이거니 했는데
옥잠화가 소식을 전하고 지나갈 즈음에
아들 건강한 모습에 다시 찾아보니
지나는 봄 희망이 헛되지 않았네

생명과도 같은 이 꽃은
결코, 지나가는 봄에 비할 바가 아니었네

친정 언니

늘 주방에서 새벽을 연다
비바람은 등을 밀었고
눈물은 자주 발등을 적셨으며
지친 몸 힘 다 빠져도
쇠심줄 같은 모성애로 뭉친 모진 삶

주저앉지 않았다
통속도 욕망도 이기고 견디며 살았다
수십 년을 전국을 횡보하며 이겨낸
천하 여장군

집안 기둥 단단히 세우고
마음 넓은 혜량의 해결사로
어려운 상심의 길도 기어코 개척하는 뚝심

양쪽 집안 밥해 먹이고 거두며
약한 어깨들까지 포용하는
은은하고 당찬 그 여인의 눈빛은
요즘 더 청정하면서 든든하다

세상에서 가장 믿고 의지하는
같은 배에서 나온 도반(道伴)

뒤안길

바람이 달빛에게 말한다
못다 한 말들이 많았다고

좋아서 따라간 착한 심성
꺼지지 않는 애상으로 남고

거칠게 휘몰아치는 세상 풍파 앞에
능금빛 순정이었다고

생각해서 무엇하리
원망해서 무엇하리

한숨 섞인 멍든 상흔
저울로 달 수 있다면
천근도 훨씬 넘을 건데
그래도 살아있으니
뜨거운 눈물도 흐를 수 있잖은가

양재천 애상

대지와 빌딩 숲을
소리 없이 가로지르는 실개천

화려한 도시 불빛에도
태곳적의 빛을 내비치며
개천 언저리에 앉아
고고한 빛을 내주지 않는 달빛

월백의 달빛 맞아 단아한 백로
가녀린 한쪽 다리로
꼿꼿이 흔들리지 않고
낙락장송처럼 그 자리 지키고 있네

물속에 비친 여인은
달빛의 고요함
백로의 흔들리지 않는 삶

고요한 물안개는
중년 여인의 눈가에 이슬로 맺히네

예작교

예작도를 이은 신비한 예술의 경지
사람들만 다니는 무지개 뜨는 소박한 다리
물살을 돌아 사자바위까지 오가는
생업의 고깃배들도 벅찬 닻을 올렸다

순백의 물거품
기둥과 스치는 뽀뽀를 하고
바닷새들 수줍은 비상을 한다
승리하고 돌아온 늠름한 용사들처럼
격동의 순간들 의결하여 여기까지 왔다
부질없는 망상들 이제 없는 거다

낮에는 해를 대하고
밤에는 별을 만나고

예송리 상록수림 갯돌 해변 끝자락
천혜의 비경에 취해
새색시로 단장하고 한밤에 떠오르는 임

사사로운 비밀을 고백해야지
우뭇가사리처럼 풀어버려야지

보길도, 최남단의 마지막 보루에
밤낮을 밝히는 고적한 등대
시간이 멈춘 듯한 곳

사시사철 북적이고
산하와 몰래 마주하며 주고받고
일출과 월출 완상하는
누천년 인연 이어줄 가교 될지니

예술의 다리로 섬과 섬을 이었으니
슬픈 사람들의 이야기도 영원히 품어다오

눈 내리는 석촌호수

어느 해 겨울 잠실 마을
하얗게 고요히 강림한 고운 손님
환호성과 함께 맞이한다

백설 우수에 덮인 호수
아메리카노 차 한 잔에 몸을 녹이고
언 손을 불어가며 호숫가를
걷고 또 걸었다
설레고 따뜻했다

까치놀에 취해 요동치는 물 위
천년 종이학 종이배를 보았다
정녕 루이 제니아 천사인가
만세반석 같은 신심(信心) 건너온다

순결한 고요로 산호가 된 나무
가지 위에 언약들 얼기설기 걸어 놓고
눈이 녹고 다 녹아도 기다리겠다는 다짐
기다림이 깊디깊은 우리 인생일지도

뉴욕 브루클린 브릿지

기대감 꿈틀대는 허드슨강
윤슬로 반짝이는 봄
마천루 숲 강물 따라 길게 이어지고
소리 없는 꼭대기 깃발 이방인을 홀린다

신대륙 상징한다는 랜드마크
예술의 거장(巨匠)이 남긴 족적 위에
동방의 모녀가 발자국을 덧붙인다

고향을 잠시 잊고 달려온 두 여심
차디찬 강바람 끌어안고
걷고 걸으며 파아란 하늘 올려다본다

어떤 사소함은 덜어내고
어떤 소중함은 더 채우고

햇빛 맞으며 두 손 꼭 잡고 가는데
바람이 거칠게 달려와 모녀와 키스한다
황홀한 추억 하나 담는다

- 2025. 4. 미국 뉴욕 여행 중에

제3부 고통 속에 핀 인생의 꽃

능내역 소묘

녹슨 기찻길 옆
인적 사라진 텅 빈 대합실
벽화는 뜨거운 연가를 부르나니

반백 년 전 시간 여행
떠날 수 없는 별 하나
임 찾아가는 길을 잃었는가

나라 걱정하는
옛 선비의 천근같은 발걸음
마재고개길 뼈아프게 넘어간다

봉주르 긴 강 따라 조용하고 담백한 역사
저마다 오고 갔던 잊을 수 없는 추억
노을 닮은 기다림, 낙엽처럼 쌓이고

나이아가라 폭포

비바람 헤치고, 휘감아
수백 마일 가로질러 낙하하는 청류(淸流)에
가슴 속 먹먹함을 함성으로 토해내네

비류직하 물바다를 들이마시며
품었다가 이내 고스란히 비워내는
장엄한 저 무리의 반란
무엇이 우리를 작아지게 하는가

밀려드는 검푸른 강의 신음을 들으며
속 넓은 임 앞에
이제는 온몸을 맡겨야 할 때
물기둥 뚫으며 당차게 걸어가야 할 때

휘몰아 낚아채는 저 포용의 한계를
거룩한 사명처럼 감회로 밝힐지라
미륵의 현신한 세계인지를
유일한 임의 명징한 계시인지를

– 2025. 4. 미국 뉴욕 여행 중에

늦게 알게 된 것

해가 중천을 지날 때
어렵게 만났다

노을이 산등을 넘을 때
겨우 알았다

그것이
우리의 그것이

잉걸불보다 뜨거운
불멸의 애증이었다는 것을

임 생각

북풍 매서운 기나긴 밤
전전반측 잠 못 이루고

천금 같은 언약들
여린 가슴에 심어 놓아
은애한다는 그 달콤한 밀어
영원하다 생각했소

꽃과 새들은
온종일 잘도 놀건만
우린 언제 만나서
예전처럼 꽃구경할까

무심한 매화 바닥에 소복한데

수술 후애(後哀)

쓸개라는 이름으로
지금껏 꿋꿋하게 지탱해 준 분신
애처롭지만 보낸다

보이지 않는 곳에서 쓸쓸히
살신성인으로 역할을 다했구나
온 힘을 다하여 속앓이했을
반백 년 헌신에
그저 고맙고 미안하구나

신록의 계절
만물이 태어나고 싹이 나는데
네 아쉬운 생애를 접고 해탈하였구나

한 몸이었던 우리 숙명
지켜주지 못해 송구해
아린 배에 손을 얹고
너의 텅 빈 자리를 어루만진다

둘도 없는 벗

비바람 부는 날에도
눈이 오는 날에도
늘 내 곁에

묵언의 눈빛만으로 속사정을 알고
보석보다 빛나는 긍정의 말로
따뜻한 경청을 해주는

세상이 야속할 때도
이해시키며 토닥여 주고
눈물이 흔해진 나이
마음껏 울 수 있게 도와주고

세상 그 많은 사람 중에
꼭 너한테는 철없어도 되는
그렇게 품어주는 하나의 우정

긴 세월 걸어가는 길에
인생 넘버원 벗이라는 이름

동문회 가는 길

파란 하늘 아래 교문이 나란히
청춘의 고뇌를 마시며
꿈꾸었던 무수한 날들

강퍅한 객지를 떠도는 남녘의 신세대들
모난 모서리 둥글게 둥글게 다듬더니
모두모두 우뚝 섰네
돌아가는 세상 이치를 깨달으며
살아가는 책무와 의무를 알게 되고

누구랄 것도 없는 평등한 사회
누구는 잘났고 누구는 못났으랴
각자 몫의 모진 풍진도
서로 돕고 위로하며 뭉치는

비타민 향보다 진한 학연
자랑스러운 유은*인이여!

---

* 유은: 광주광역시 계림동 100번지. 필자가 졸업한 광주상고, 광주여상, 동성중, 동성여중.

행복의 발판을 놓는 지금까지의 인연
유은 동문 멋져부러

망시모가(亡媤母歌)

세상에 태어나
당신은 아름다운 존재였습니다
그러나 그 시절은 서러움 많아
보여주고 싶어도 그리하지 못하였습니다

어느 날 갑자기
낯선 남자를 만나
어쩌다 평생의 반려자로 이어질 줄
어찌 알았으랴
오롯이 이어진 내 자식 내 희망이어라

손끝이 뭉개지고 허리가 끊어질 듯
밤잠을 이루지 못하다가
닭 울음소리에 화들짝 일어나는 일이
하루, 한 달, 수년, 수십 년

남겨진 가족사진 속에
쑥스러운 얼굴로 남아 있네

어머님!
저곳에서는 자식을 위해
고통을 감내하지 마시옵고
새봄 새싹처럼 기운차게 웃음 짓고
복숭아꽃이 가득한 도원에서 보내시옵소서

어머니의 심지(心志)를
닮아가고 싶은
예쁜 막내 며늘아기
엎드려 삼가 잔을 올립니다

심로(心勞)

뒤안길 돌아설 때
뉘의 가시 발언으로 삭신이 아리다
그때마다 참아라
또 참아라
오랜 격언도 귀를 멀리한다

천근만근으로 두들겨 맞는 듯
내 복락원 허락 없이 덜어가니
조마조마한 꽃밭
수수밭이 될지라도 지키고 싶다

상서로움을 기대했던 것일까
이토록 불쏘시개 같은 쑥대밭이니
뉘의 우매함인가
뉘의 파란(波瀾)일까

불청객으로 서성이는 그림자 없어지기를

그리움

눈만 뜨면
네가 그리운 이유는
내게 그리움이 되는 것을
바라지 않고 주었기 때문이야

내 안에 있어서일까
나는 배가 고픈지도 모르겠어
오늘도 내일도 너만 생각나

머물다가 다시 가는

늘어진 나뭇가지 물살을 만나
부러질까 아픔인데
창공을 지나가던 새 한 마리
맴돌다 날개로 품는다

우리의 열정들은 무엇이었던가
무엇이 그토록 집중하게 했던가
무엇 때문에 그리 소중히 여겼던가

어지러운 눈물 강 만나
아픈 곳을 더 아프게 했던 군상들
조각난 말의 파편들

땅거미 내려앉고
다시 아침을 맞이하고
우리네 인생 별반 달반이라
들꽃처럼 살아내야 하는 일이라면
오늘은 보듬고
내일은 다듬고

해동 용궁사

철들어 이곳에 가면
수백 계단에 한이 서려 있는 듯
하얗게 부서지는 파도 소리
어느 청상(靑孀)의 한 맺힌 소리런가

기와에 소박하게 새긴 소망
저며오는 결심의 합장
해룡이 다가와 슬며시 보듬는다

오색 소원 뉘의 기도일까
방방곡곡 사연 담은 낙엽등 밝히니
올해도 해수관음전엔
살가운 웃음꽃 풍년 되겠네

무드 등

택배로 온 카네이션 무드 등
건전지를 넣은 후
구슬 위에서 붉은 꽃다발이
한껏 재롱을 부린다

타지에 있는 아들이 보내온
절절한 사모곡

아들아!
이런 날엔 이 엄마도
자태 고왔던 나의 어머니가
인정 많고 현숙했던 나의 어머니가
참으로 보고 싶구나

변명 같은 사랑

당신께 무작정 드렸던
마음은 어떡하나요

순정이라는 이름을 걸고
그리 쉽게 말하지 말아요

진심이라는 이름이
화를 낼지도 몰라요

무시로

가네
가네
무정하게
간다는 인사도 없이

생각하여 무엇 하리
가슴 졸이고 눈물 닦아도
아른거리는 조각들
하염없이 날아든다

어차피
인생 열차를 탔다
마음과 살을 어루만져야
살아갈 수 있고
인색한 대리주차 불가하기에
붓을 들어 늘 살펴야 한다

무엇이 그렇게 흔들리게 했는가

바람이었을까
중구(衆口)의 어지러운 말이었을까

체면에 뒤처질까 두려워
어리석은 교만이 마음을 다그쳤다
참고 견딘다고 좋은 것도 아니었고
웃는다고 괜찮은 것도 아니었다

놓아버렸던 꿈들
잡다한 세사(世事)가 나를 흔들었다

가족이 보였고
과거가 눈을 부라리고 달려들었으며
황홀한 시어(詩語)가 난무했다

흔들려 보면 단단해지는 것이지
대가를 치러야 하고
우리는 그 모든 흔들림의 증명이다
살아있다는 징표이다

행복의 오해

웃는 일만 있으면
좋을 줄 알았습니다

아무 걱정 없으면
성취한 줄 알았습니다

이름을 널리 알리면
성공한 줄 알았습니다

황금으로 집을 지으면
왕인 줄 알았습니다

소소한 것만 있어도
충분히 된다는 것을
한참 지나고서야 알았습니다

봄소식

졸다 일어나
햇살 맑은 쪽으로 나가보니
새큼한 손님이 와서 인사하네

토방마루 걸터앉아
무심히 밖을 바라본다

두견새 한 마리 나를 보고
두 발로 종종 달려와
화들짝 잠 깨는 말을 건다

뜰 앞 목련 꽃잎에
그리움 한 줄 올리니
임의 향기 비파소리 타고
목이 멘 해란강도 넘겠다

빛은 가장 어두운 틈에서 온다

숨조차 무겁게 느껴질 때가 있어요
말의 조각들이 등 뒤로 숨는 날엔
나조차도 나를 외면해요

알고 있어요
돌 속에서도 꽃은 피고
밤이 아무리 길어도
아침은 어김없이 밝아온다는 것을요

세상은 늘 기다리고 있어요
우리는 잠시 쉬고 있어요
고장 나지 않았어요
멈추지 않았어요

울어도 괜찮고
넘어져도 괜찮아요

삶은 끝나지 않았고
머지않아 웃을 차례가 와요

지금 살아있다는 것만으로도
충분히 잘 가꾸어온 역사입니다

변신은 무죄

거기 그렇게 있다가
잘 참아내다가
올망졸망 스르르 까르르

쇼팽의 왈츠만 종일 듣던
집 나간 그 애도
정신이 돌아와
살아갈 채비를 한단다

앙상한 볼에
눈물은 이제 말랐다
오해도 풀렸다
이해도 할 수 있게 되었다

그 누구의 잘못도 없었다
단지 혹독한 겨울 시간이
우리에게 한동안 머물고 있었을 뿐

슈베르트의 사랑의 세레나데

베토벤의 운명교향곡은
새로운 변주곡으로 초기화 중이라고

생의 한가운데

새벽 제주 오름산을 오르다
갑자기 비를 만나는 불상사

출근길 어느 모퉁이에서
노랑 양은 통을 들고 있는
초췌한 노숙자를 보게 되고

뉴욕 맨해튼
마천루 울창한 숲을 스윽 들어가면
헛것에 주눅 들고
장엄한 경관을 보면
한없이 작은 한 사람이 서 있음을 안다

어느 별에서 왔을까
왜 이 땅에 뿌리를 내렸을까
앞으로 어떻게 살아갈까

정답 없는 의문으로
이름 없는 잡새로 세상을 돌다가

명답 하나 얻지 못하고
세월이란 비싼 밥만 축내고 있는 것

인생이 내게 묻거든

젖은 눈으로 하늘을 보며
놓고 싶었던 날이 많았지
하지만 내일을 뜨겁게 살아야 했기에

숱한 말의 상처를 받고도
어떻게 웃을 수 있는지 궁금하거든
깊은 상처에서 피는 꽃이
정말로 향기롭다고 할 수 있지

왜 그토록 참으며 살았느냐고 묻거든
세상이 대신 살아주지 않기에
오롯이 나에게 다가가기 위해
상처투성이 목각인형처럼 되었다고

고독하지 않았냐고 묻거든
고요한 순간이 켜켜이 쌓여
진실한 나를 만들어 주었다고

마지막으로

행복했느냐고 묻거든
인간의 소리에 매몰되어 후회도 되지만
사람답게 살고자 했으니 괜찮았다고

집으로 간다

잠깐이었어요
한 줄기 바람 같던 설렘
잊고 살았던 여자의 마음이
문득 살아났을 뿐이죠

집착이었을까요
현실을 잠시 벗고 싶은
허기진 감정의 그림자였을까요

찰나에 무너졌던 심정
아이들 웃음이 들려왔고
그의 변함없는 파란 순정이
가슴으로 들어왔어요

세상은 책임으로 지탱되고
눈빛보다 약속으로 완성되고 있었어요

얽히고설킨 복마전 같은
세상 미로를 눈뜨고 헤매다
삼킨 것 바르게 세우고 귀가합니다

제4부 차마 소중한 내 사람아

그대를 사랑하기에

꽃이 피고 풀숲이 노래할 때
아름다운 곳에서
당신을 만났습니다

심중 소용돌이는
이미 시작되고 있음을
아니, 오래전부터 시작되었음을
서로는 알았습니다

불꽃같은 뜨거운 정염 타오르고
불멸의 밀어들을 수없이 나누며
영원한 단 하나의 전설을 썼습니다

인연은 빛이 되고
시간은 우리를 위하여 존재하였습니다
사람이 사람에게 줄 수 있는 것은
여한 없이 주고받았습니다

부푼 희망을 주고

상승의 존재감을 알게 하니
서로 좋아 하세월 늘 웃었습니다

그대 눈빛만 보아도 눈물이 나기에
세상에 태어나 여한이 없는 사람입니다
난 그대만 있으면 아무런 걱정이 없습니다

물의 정원

두 물이 쉼 없이 먼 시간을 떠내려옵니다
그러다가 사붓사붓 여기에 머물렀습니다
그들은 말없이 얼굴을 맞대고
살며시 서로의 팔짱을 끼고 있습니다

물안개는 봄기운에 못 이겨
아지랑이로 하늘거리며
그들을 감싸고 돕니다

그 인연을 아는 듯 모르는 듯
이 정원에 머물던 수양버들이
지나는 연인들을 은근히 유혹합니다
정원의 봄 향기에 이끌려 온 연인들도
두 물의 마음을 알고 왔을까

알뜰한 두 물의 해후가 정원으로 이어졌으니
우리 족적도 사라지지 않고
계속 머물고 있지 않을까

이제 정원은 떠나도

내 미련은

여기에 언제까지나 머무르기를

바람의 노래

이야기 조각들 꽃잎 따라
살며시 날아와
다정했던 사람들
기별 없이 노크한다

부질없는 맹세
등불에 꺼질세라
진한 꿈에도 취해 본다

응어리로 맺혀
지나가는 말을 듣지 못하는 이여!
만생(萬生)은 재를 넘는 석양일진대
무얼 그리 고뇌하는가

저 무지개 언덕에는
세상을 닮은 오묘한 바람옷을 벗고
날고 돌고 춤추며 노래를 부른다

강가 찻집에서

비를 만났습니다
비닐우산을 들고
아담한 그림 갤러리로 들어갔습니다

처마 끝 대롱대롱 매달린 빗방울
박자 맞추어 떨어지니
무슨 말 못 할 사연 있으려나

조금 떨어진 강가 풀숲 사이
진분홍 진달래 한 더미
비 맞아 촉촉한 몸으로 다가옵니다
묻어두었던 옛사랑도 걸어나와
못 했던 이야기보따리 풀어놓습니다

오늘은 작정하고
그리움 덮인 강바람에 몸을 맡겨봅니다
그대 흔들리며 삭였던 가슴이 일고
약속한 밀어들이 가슴을 괴롭혔습니다
새벽 달맞이꽃 같은 모습
또 수줍어 뜨거워지기 시작합니다

산유화

봄비 보슬보슬 내려
산천을 해맑게 목욕시키던 날
약속이라도 한 양
계절의 초입에 걸음 하는 임이여!

그리움의 껍질을 벗고
회색빛 산천에
시련의 시간을 허물고
눈부시게 찾아오시는 임이여!

새물내 나는 향기를
사방에 나누어 주며
잠자는 산천을 흔들어 깨운다
춘정을 연상한다

산책길에서

양재천 석양 초록길에
꽃도 보고 왜가리도 보고
칸트 동상 옆에 앉아서 사색 중인데
나를 보고 있는 나리꽃
밤과 함께 무겁게 침잠된다

오래전에 어느 소녀는
해조음 맑은 바위틈에 핀
나리꽃을 참 좋아했었지

어느 날 문득 알게 된 삶의 유한함
공허한 시간이 늘어만 갔다
모호한 철학에서 겨우 빠져나와
흐르는 실개천 속 아롱지는
하얀 달과 함께 걷는다

오늘 밤 별을 헤고 싶다
홀로 노래 불러도 외롭지 않은
반딧불이와 어울려 춤도 추면서

살다 보면

살다가 슬퍼지거든
나무 아래 앉아서 살려고 발버둥 치는
작은 잎들을 살펴보세요

자다가 깨어 잠이 멀어지거든
내밀한 비밀을 별들에게
남김없이 고백해 보세요

삶의 톱니바퀴를 돌리다
힘들어 울컥해질 때
좋아하는 사람을 떠올려보세요

불공평하다고 느낄 때
앞으로 살아갈 날이
항하사*보다 많다는 것을
잊지 마세요

---

* 항하사: 恒河沙, 갠지스강의 모래라는 뜻으로, 무수히 많은 수량을 비유적으로 이르는 말.

자존심이 허무하게 무너질 때도
천둥이 뒤통수를 강하게 때려도

우리는 살아가는 동안
행복하게도 살아야 합니다

살아가는 길목에서

어버이 관심 속에서
멋도 모르고 우연히 태어난 무명
그 멋을 알아감에
산전수전 넘나드는 세월이 있었네

지천명을 지나고 있어도
유한한 생의 물음표는
나침반을 알려주지 않으니
갈 길 어드메뇨

밤새 건너야 하는 번뇌의 바다
땅 꺼지게 찾아드는 불청객 인기척에
망연자실 헤매 돌지만

꼭 견디고 극복하여
가난한 화원에 까닭 있는
여린 소망들을 심을 것이요

리시안셔스는

어떤 고난도 모두 거두어가니
사시사철 움트는 마음의 씨앗
고스란히 심을 것이요

새벽이 지나도록

한나절 지나고
밤 깊어가도록 기별이 없었다
무엇에도 집중할 수 없었다

그것들이 우리에게 무엇이었을까

차디찬 새벽 바다에
헝클어진 머리를 묶고 미친 듯이 달려갔다
가느다란 다리로 걷고 있는
쓸쓸한 바닷새 한 마리를 보았다

상처받은 모습이 분명했다
맹목적인 복종이 그랬을 것이다

사심 없이 핀 작은 풀꽃
봄에 필 민들레를 이해하지 못했을까
아직 시작도 못 했는데

새벽이 검은빛을 잃어가고 있다

바다는 자장가를 부르며 풍랑을 잠재운다
곧 맑디맑은 불덩이를 토해 낼 것이다

석별

언약이 늘비했거늘
속절없이 어수선해진 심사
가시밭 무성한 고행(苦行)의 강까지
그 눈길 싸늘할 제

운명은 그들의 아린 간극(間隙)에
괘(卦)를 놓고
저울질하며 애써 고개를 돌린다

과부하 걸렸을 그의 하드웨어
말끔하게 포맷할 수 있었다면
강가에 나와서 아무 말도 못 하는
아다다가 되지는 않았을 것을

운명은 가는 길이 따로 있다고
심중 백로가 어깨를 다독인다
으악새는 얇은 심보도 채우지 않아서
저리도 가벼운가

눈시울 붉게 했던 소박한 추억들
아련한 전설로 남겨진다고 하여도
부디, 허약한 역사가 되지 않기를

설렘

두근두근 온종일
행복 선물이에요
내가 행복하니까

가슴은
느끼는 자의 몫이니까

발그레한 해맑은 수줍음으로
소녀의 달뜬 마음 놓고
오랜 시간 흥정한다

안착한 바람이라 할지라도
순수한 떨림이니까
마법 같은 공간이니까

소유의 꽃

함수화 꽃말을 알아갈 때
조용히 다가왔고

서향 동백 향기 퍼질 때
싹트기 시작했네

주어도 더 주고 싶고
가져도 더 갖고 싶은

마음 밭에 꼭 피어나
혼몽하게 만든 사방 꽃

늘 곁에 두고 싶은
어떤 청초한 자태의 해어화*

---

* 해어화: 解語花, 말을 알아듣는 꽃, 곧 미인을 이르는 말. 이 작품에서는 상 남자를 의미한다.

숨어 우는 섬진강*

옛 임의 눈물이
산허리를 돌아
강이 되었네

서럽고 쓰리던
그 지난날도
윤슬 되어 일렁이네

옛 임이 거닐었던
섬진강가 붉은 단풍은
아직도 머물러 있는데

어디선가 불어오는
저 실바람
소리 없는 이슬로 맺혔구나

---

* 섬진강은 피눈물이 흐르는 역사와 연계성이 있고, 연인들의 사연을 노래한 시대적 배경이 있다.

신세타령

하늘의 기운 받아
귀한 딸을 얻었고
땅의 정기를 머금어
금쪽같은 아들을 얻었다

이보다 더 좋은 복이
천지에 또 있으랴
한 줌 흙 같은 원망
다 호명하여 지워버리자

복을 받고도
복 없다고 동동거리니
얼마만큼 가져야
만복에 대취하여
희희낙락할거나

당신을 알고 난 뒤로는

한눈에 반한 품성
모든 걸 던져도 좋을
단 하나의 천주(天柱) 되었네

낮이 짧고 밤이 길어졌어요
계절의 중력도 잊었어요
모래성 위에
그 한 사람을 새겼어요

한결같은 애정 만 리 길
떨린 손으로 시작했지만
잔바람에도 흔들리지 않는
달큰한 향을 닦는 여자로
살아가고 있어요

애잔한 사람

가난을 벗 삼고
외로움도 탓하지 않고
폭풍우 거세게 휘몰아치는
여정을 같이한 뭉근한 동혈우

세파에 부딪히다 잠든 모습
몇 해를 넘겨 소매 헤진 티셔츠
죽마고우 같은 낡은 차에
가족을 태우지만
숭고한 의무를 간직한 석불(石佛)

내 일생 무일푼
저당 잡힌다 하여도
초췌한 노쇠함 맞이한다 하여도
한 치 후회도 없을 열정의 만무방

애잔한 사색의 편린
자연을 닮은
영혼의 저장고에 담겨집니다

열정

한여름 불같이 뜨겁다
에어컨 갑자기 멈추어도
섭씨 39도도 잊은 채 기어이
갈 길을 가고야 만다

들고 메고 이고 걸치고
늙숙한 촌노도
새기며 돌아 돌아 걷는다
심장은 쿵쾅거리고 눈은 매섭다

나이에 맞을 테지
마지막 엽서 맨 아래 추신
후회 없이 너답게 살았노라고
자랑스럽고 단단히 쓰리라

우정의 온도

밤하늘 무수한 별 헤어보고
눈물도 쏟고
웃음을 짓고
내밀한 밀어도 몰래 주고받고

이런 날엔 다정한 솔 씨 되어
오래 묵힌 이야기 풀고
저런 날엔 무거운 솔 씨 되어
쌓아 둔 이야기 나누고

고독이라도 좋다며
절망도 금방 희망으로 바꿔버리지
천길 높이 뚫어버렸지
끝없이 흐르는 무지갯빛 가을동화
무채색 강물이라도 좋아라

한오백년 손잡고 걸을 동행인
우리 둘을 합하면
아마도 섭씨 백 도가 훨씬 넘을 거야

일장춘몽

눈부셨다
젊은 날 열정도
무성한 꿈도, 불꽃같았다
삶을 위하여 할 말은 좀 참았다

몽상은 접었다가 당차게 펼쳤다
젊은 날의 희망들 어떻게 꺼낼까
세월이 쌓였다, 후회도 없다

내 의무를 마감하고
익어 가려고 부단히 애쓰는
내 일을 문자로 그리는

잠시 어두웠을지라도
순간 꿈이었을지라도

이세(二世)를 사람답게 만들어 놓고
문자를 다루는 장인 되었으니
이것이 도원의 꿈인가 생시인가

정한 사람

차디찬 눈동자
고뇌를 다 짊어진 짐
버려도 살가워도
조금의 미동조차 없어
체온을 살짝만 대어도
숨은 쿵쿵쿵

숨 굽는 소리
회색 전선 넘고
독하디독하다
정 많던 시절 아슬하고
넘치지 않는 질그릇에
너를 넘치게 담은 것이
생의 교훈이었지만

넘치는 법이 없었지
늘 너는

친구

말하지 않아도
가슴이 먼저 알아
힘이 들면 왜 너에게
말하고 싶을까

강물 같은 눈빛으로
미소 한소끔 보내주고
힘든 숨을 고르게 하여
평정심을 돌려주는

험한 길 위에
비바람 불어도
가녀린 따스한 두 어깨
선뜻 내어주는

나만의 천사표
가없는 너의 호의 있어
든든하고 좋아
너 없으면 어찌 살거나

진정 난 몰랐네

모든 것이 한때인 것을
모르고 교만을 키웠다

인애 속에 하늘의 뜻
어렴풋이 알게 되고
아름다운 옛일들
그런저런 과거로 회자하네

세월 앞에서는
떨어지는 낙엽을 보아야 하고
임 앞에서는
그저 애달픈 한 송이 꽃이거늘

소박한 나로 사는 것
진정한 나로 사는 것

시간도 사람도
다 보내고서야 알다니

코스모스 여인

한 무더기 들꽃으로 자랍니다
그들은 분홍색, 푸른색, 하얀색의
두려운 빛깔을 봅니다
바람결에 여린 멜로디가 들려옵니다

그 소리가 멀어져 갈 즈음
중저음의 서러움이 건네집니다
살아서 또 가을꽃을 바라보았으니
지나온 것에 고마워 웃어봅니다

이제 먼 길 다녀온 그녀에게
분홍 바람꽃은 눈가를 어루만집니다
서리를 재촉하는 들꽃 가장자리에
그 여자 해맑게 배시시 웃고 있으니
아름다운 여인이라 불러주고 싶습니다

에필로그

삶과 사랑이 시로 피어나다
— 따뜻하고 아름답고 로맨틱한 여류시인 —

첫 시집 『노을로 바람꽃으로』는 저의 분신과도 같습니다. 수십 년의 산고 끝에 출산한 듯 감개무량합니다. 시를 쓰는 데 20%의 공력이 든다면, 시집을 엮는 데는 80% 이상의 정성이 필요했습니다. 그렇게 시편들을 찾아 실에 꿰어 예쁜 목걸이를 만들었습니다.
동행하며 산고(産苦)를 도와주신 청암 김치환 시인님과 여강 최재효 작가님께 지면을 빌려 깊이 감사드립니다. "日新又日新(일신우일신)"의 마음으로, 언젠가 또 다른 옥동자를 출간해 보고자 합니다.

존경하는 독자 여러분!
저의 첫 시집을 동행해 주셔서 감사합니다. 이 시집이 당신의 노을빛을 조금 더 깊게 물들이고, 당신의 바람꽃을 더욱 아름답게 피어나게 한다면, 그것으로 저는 충분합니다. 저의 시와 당신의 삶이 서로 비추며, 호연(好緣)으로 이어지기를 간절히 바랍니다.

2025년 11월

서울 양재천 보감재에서, **최영숙**

서평

헝클어진 시간 다리미질하는 시인
— 최영숙의 시학 —

민용태(고려대 명예교수, 스페인 왕립 한림원 위원)

최영숙의 시에는 "헝클어진 시간을 다리고 / 색동치마 저고리 옷섶 여미며 / 산 노을 질 때까지 / 엉키지 않는 순한 강물로 / 나란히 살아간다"라는 시구가 나온다. 바로 최영숙 시인의 사람됨과 고움, 살아가는 방식이 고스란히 드러난다. 시인에게는 바람의 길도 사람의 길이다. "솟대 지나 광야를 품는 바람 / 시리고 서러운 사람들에게 / 너그럽게 또다시 곁을 내주는 / 타는 노을아, 성긴 바람아" 원숙한 시인의 참으로 아름다운 목소리이다.

최 시인의 「산책길」에는 그녀의 소녀 시절 나리꽃이 마중 나온다. 마중 나와서 시인과 함께 산책한다. 오히려 시인을 가르친다. 저건 별이고 저건 반딧불이라며:

양재천 석양 초록길에
꽃도 보고 왜가리도 보고
칸트 동상 옆에 앉아서 사색 중인데
나를 보고 있는 나리꽃
밤과 함께 무겁게 침잠된다

오래전에 어느 소녀는
해조음 맑은 바위틈에 핀
나리꽃을 참 좋아했었지

어느 날 문득 알게 된 삶의 유한함
공허한 시간이 늘어만 갔다
모호한 철학에서 겨우 빠져나와
흐르는 실개천 속 아롱지는
하얀 달과 함께 걷는다

오늘 밤 별을 헤고 싶다
홀로 노래 불러도 외롭지 않은
반딧불이와 어울려 춤도 추면서

인생은 산문이다. 어지러운 일과 일상과 골치 아픔이 삶의 현 주소이다. 그런 날 양재천을 산책 나온 것은 잃어버린 순수와 별을 만나는 일이다. 그리고 부질없는 철학과 잔소리 대신 자연의 언어, 침묵과 별의 속삭임을 듣는 시간이다. 산책을 하며 시인은 떠올린다: "오래전에 어느 소녀는 / 해조음 맑은 바위틈에 핀 / 나리꽃을 참 좋아했었지" 맑은 해조음을 먹고 자란 나리꽃은 참 곱기도 하겠지.
"모호한 철학에서 겨우 빠져나와 / 흐르는 실개천 속 아롱지는 / 하얀 달과 함께 걷는다" 걸으면서 말 없는 자연의 귓속말을 듣는다. 별과 반딧불이의 춤과 반짝임을 배운다. 그렇다. 자연은 어느 철학보다 '명징한' 증표들이다:

   상념의 푸념들로
   거리는 온통 아우성인데,

   무엇이 정의이며 사랑인가
   슬픔이 기쁨이며 고난이 행복인걸
   점점 더 맑아지는 명징한 다짐들

   내일의 태양이 떠오르듯
   깊은 이 가을을 믿기에
   지순한 낙엽 위에 살며시
   나를 벗는다

이것이 시인이다. 밖은 온통 "상념의 푸념들로 / 거리는 온통 아우성인데," 정치는 도무지 정의도 사랑도 없고 확실한 건 고독과 슬픔과 고난과 행복……. 산다는 것은 이런 부조리와 역설의 현주소이다.
그 속에서 눈을 뜰 수 있는 것은 말 없는 약속처럼 다시 가을

이 오기 때문이다. 시인은 확신에 차서 말한다: "내일의 태양이 떠오르듯 / 깊은 이 가을을 믿기에 / 지순한 낙엽 위에 살며시 / 나를 벗는다"

시인은 날마다 지하철을 탄다. 고달픈 서민의 일상 속에서 꼿꼿이 달린다. 살아간다,「지하철」처럼:

  살아가는 힘은
  어디서 이토록 샘이 솟는가
  입 다물고 달리는 철마

  너도 진정 고단함을 잊었는가
  포기를 모르는 총총 발걸음
  치열하게 살아가는 길
  뜨겁게 살아내는 일

살아간다는 것은 "살아내는 일", "치열하게" 일상을 짊어지고, "포기를 모르는 총총 발걸음"으로 입 다물고 달리는 것. 누가 일부러 달리라고 했는가? 실존의 발걸음은 이유를 묻지 않는다. 그것은 어쩌면 저 하늘에 자리한 별처럼 우주의 순행에 한자리 차지하려고 하는 몸짓인가? 몸부림인가?

  해 질 녘 산책길에 다가선
  밤그림자에 비친 별 무리

> 하늘에 자리 없어
> 여기까지 내려와
> 비비며 밀고 들어와
> 한자리 차지하고 마네

그것은 "순행"이라기보다는 생존경쟁이라는 싸움일지도 모른다. 하늘에서도 싸움이 치열해서, 별도 "하늘에 자리 없어 / 여기까지 내려와 / 비비며 밀고 들어와 / 한자리 차지하고" 있나 보다. 그러나 시인의 일생은 일상의 투쟁을 알기 이전에, 철없는 "물새"들처럼 광활한 하늘을 날거나 "양탄자 위를 나는 세상을 상상했었지":

> 남도 섬마을에 어리보기로 태어나
> 양탄자 위를 나는 세상을 상상했었지
> 물새들은 쉼 없이 소식을 나르고
> 우리 아부지 낭만도 모른 채
> 파도에서 사시다 생의 문을 닫았지
>
> 바닷새도 쉬어가는 인정 많은 섬이었지만
> 소녀의 손등을 갈라놓고
> 빨리 철들게 했으니
> 가난했지만, 눈빛은 늘 고요했었다

그러나 어부 아버지의 삶은 고달팠다. 따라서 가정도 가난에

시달렸다. "소녀의 손등을 갈라놓고 / 빨리 철들게" 했을 만큼 그 속에서도 시인은 바다를 보고 하늘을 보는 눈빛의 고요함을 잃지 않았다. 맑고 고요한 눈으로 바라보는 세상은 이제 깨달음에 가깝다:

> 은하수 떠다니는 별들
> 세월은 철철이 무시로 쌓이고
> 지금은 섧은 짐 다 내려놓고
> 쪽빛 천 흐르는 마을에서 호젓하다
>
> -
>
> 삶은
> 소리 없는 아우성 외치는 손님 같은 것
> 사멸은
> 금자탑처럼 보이지만 아무도 모르는 것
>
> 이제부터 나의 여생은
> 당신을 위한 골든타임입니다

그렇다. 모든 고달픈 인생은 그냥 살아왔다는 자체만으로도 골든 글러브를 탈만큼 값진 것. 그래서 "이제부터 나의 여생은 / 당신을 위한 골든타임입니다"라고 소리 없이 외치는 시인의 속마음은 감동적이다. "지금은 섧은 짐 다 내려놓고 /

쪽빛 천 흐르는 마을에서 호젓이" 즐기고 싶은 심정은 곱다. 최 시인의 산책길은 늘 고운 서정과 시정으로 넘친다.「산수유 마을 가는 길」도 그중 하나다:

    우수를 만나 마을 안길에 들어서니
    언덕 언저리에 하얀색
    아직 내 계절이라며
    따스한 기운에도 기세를 놓지 않는다

    그 기세에 눌려 쫓기듯
    담 모퉁이를 돌아
    노란 몽우리를 머금은
    몇 그루의 나무들
    아무도 찾아 주지 않아도
    섬세한 꽃 수술을 내어놓는다

    이곳에
    사람 기운이 없어진 지 오래인데도
    그 자태 여전하네
    아! 노란 꽃
    어렵고 힘들었던 겨울을 보내고
    사라진 웃음들을 찾아 주는
    세상의 향도가 되고 있네

    이 계절에 영락없이 피어나는

내 안에 아직 남아 있는 청춘의 꽃
마을 길 지나는 길에
그 꽃 내 눈가에 아롱지네

최 시인은 "아무도 찾아 주지 않아도 / 섬세한 꽃 수술을 내어놓는" 산수유를 퍽 좋아하나 보다. 산수유꽃 시를 쓰면, 시가 좋아지는 걸 보면 산수유도 최 시인을 좋아하는 게 아닐까?
어떻든 하얀 언덕에 이 노란 꽃망울을 보면 누구나 감탄한다: "아! 노란 꽃 / 어렵고 힘들었던 겨울을 보내고 / 사라진 웃음들을 찾아 주는 / 세상의 향도가 되고 있네"
그 작은 꽃송이들이 시인에게 그토록 예쁜 것은 "내 안에 아직 남아 있는 청춘의 꽃"이기 때문이란다. 꽃도 내 마음, 내 눈을 아는지 "마을 길 지나는 길에 / 그 꽃 내 눈가에 아롱지네"
헝클어진 시간을 다리미질하는 소리가 곳곳에서 들린다:

불혹을 저만큼 지난 봄
지천명 쏜살같이 지나친 여름
분수같이 오르는 열망을 삭히진 못했지
가시밭 문턱 너머 상아탑의 만학도라니

형설이야 반딧불이 벗으로 삼고
성정을 다독이며 순리를 읽었으니

아픈 손 아픈 대로 달려가 잡고
열정을 한데 모아 적소를 살피련다

상처를 보듬으면 꽃이 된다고
아득했던 상사화도 상처가 된다고
봇물처럼 봄 햇살 사방에 퍼지는 날
매의 눈에 어룽지는 감성의 자생 꽃

봇물처럼 봄 햇살 사방에 퍼지는 날은 절구(絶句)이다. 봇물과 햇살이 어우러지면 행복의 물살이 되기 때문이다. 물살은 고운 삶의 의지이다. 시인은 양재천 산책하러 자주 나간다:

대지와 빌딩 숲을
소리 없이 가로지르는 실개천

화려한 도시 불빛에도
태곳적의 빛을 내비치며
개천 언저리에 앉아
고고한 빛을 내주지 않는 달빛

월백의 달빛 맞아 단아한 백로
가녀린 한쪽 다리로
꼿꼿이 흔들리지 않고
낙락장송처럼 그 자리 지키고 있네

물속에 비친 여인은
　　달빛의 고요함
　　백로의 흔들리지 않는 삶

　　고요한 물안개는
　　중년 여인의 눈가에 이슬로 맺히네

양재천은 중년 시인에게 이승과 좋은 영감을 주나 보다. 좋은 시가 나오는 것은 시인의 수사법이나 기술보다는 자연의 조화와 리듬이 영향을 미친 까닭이다. 마음을 놓고 풀고 양재천 가를 거닐다 보면 "단아한 백로"의 꿋꿋한 다리와 자존심, 끈기가 보인다. 모두 곧은 삶의 지혜가 응결된 아름다움이다.

때로는 해외여행을 가면서 새로운 것을 느낀다:

　　비바람 헤치고, 휘감아
　　수백 마일 가로질러 낙하하는 청류(淸流)에
　　가슴 속 먹먹함을 함성으로 토해내네

　　비류직하 물바다를 들이마시며
　　품었다가 이내 고스란히 비워내는
　　장엄한 저 무리의 반란
　　무엇이 우리를 작아지게 하는가

밀려드는 검푸른 강의 신음을 들으며
속 넓은 임 앞에
이제는 온몸을 맡겨야 할 때
물기둥 뚫으며 당차게 걸어가야 할 때

휘몰아 낚아채는 저 포용의 한계를
거룩한 사명처럼 감회로 밝힐지라
미륵의 현신한 세계인지를
유일한 임의 명징한 계시인지를

- 2025. 4. 미국 뉴욕 여행 중에

나이아가라 폭포에서 "휘몰아 낚아채는 저 포용의 한계를 / 거룩한 사명처럼 감회로 밝힐지라 / 미륵의 현신한 세계"가 이것이다, 하고 느끼는 동양의 시인!

최 시인은 병들고 아파 수술을 하고 '쓸개'를 떼어내고, 지금까지 나와 내 몸을 지켜준 은혜에 감사한다:

쓸개라는 이름으로
지금껏 꿋꿋하게 지탱해 준 분신
애처롭지만 보낸다

보이지 않는 곳에서 쓸쓸히
살신성인으로 역할을 다했구나

온 힘을 다하여 속앓이했을
반백 년 헌신에
그저 고맙고 미안하구나

신록의 계절
만물이 태어나고 싹이 나는데
네 아쉬운 생애를 접고 해탈하였구나

한 몸이었던 우리 숙명
지켜주지 못해 송구해
아린 배에 손을 얹고
너의 텅 빈 자리를 어루만진다

-

우리의 열정들은 무엇이었던가
무엇이 그토록 집중하게 했던가
무엇 때문에 그리 소중히 여겼던가

어지러운 눈물 강 만나
아픈 곳을 더 아프게 했던 군상들
조각난 말의 파편들

땅거미 내려앉고
다시 아침을 맞이하고

> 우리네 인생 별반 달반이라
> 들꽃처럼 살아내야 하는 일이라면
> 오늘은 보듬고
> 내일은 다듬고

자신의 떼어낸 '쓸개'에게 "해탈하였구나"라고 말하는 불교 시인! 이만하면 우주 속 시인의 큰 눈을 헤아리게 한다. 결국, 내 몸은 우주이다. 눈과 가슴과 간과 쓸개를 거느리고 사는 난 그대로 대가족! 이 대가족에게 나는 말한다: "땅거미 내려 앉고 / 다시 아침을 맞이하고 / 우리네 인생 별반 달반이라 / 들꽃처럼 살아내야 하는 일이라면 / 오늘은 보듬고 / 내일은 다듬고"

이렇게 마음을 다리미질한 뒤에 시인은 조용히 작은 미물들의 살아있음과 그 예쁨을 본다:

> 웃는 일만 있으면
> 좋을 줄 알았습니다
>
> 아무 걱정 없으면
> 성취한 줄 알았습니다
>
> 이름을 널리 알리면
> 성공한 줄 알았습니다

황금으로 집을 지으면
왕인 줄 알았습니다

소소한 것만 있어도
충분히 된다는 것을
한참 지나고서야 알았습니다

인생이나 시나 살다 보면 다듬어진다. 시도(詩道) 또한 갈수록 더욱 작아지고 낮아지는 것을 본다. 그런 의미에서 시인은 독자를 신(神)으로 모시는 존재임을 안다. 독자는 시간과 공간을 넘어서는 나의 신이다. 최 시인도 독자라는 신 앞에서 구차한 설명이나 사설보다는 말없이 그림 그리기가 진짜 시라는 것을 생각해 주었으면 한다.

최 시인이 산책 시나 여행 시를 잘 쓰는 것도 그 '詩中畵, 畵中詩', 서양 시법으로 말하면 로마 호라티우스의 'Ut pictura poesis', 즉 '시나 그림이나 말없이 그리는 것은 똑같다'의 시법을 터득한 탓이다. 어떻든 마음의 크기가 이만하면 큰 시인이 될 상이다. 첫 시집이라니 기대가 크다.
축하한다.